JN408653

소롯길에서 만난 사랑

이 도서의 국립중앙도서관 출판시도서목록(CIP)은 e-CIP 홈페이지(http://www.nl.go.kr/ecip)와 국가자료공동목록시스템(http://www.nl.go.kr/kolisnet)에서 이용하실 수 있습니다.

한국 현대시[韓國現代詩]　　(CIP 제어번호 : CIP2016006561)

문학공원 기획시선 10

소롯길에서 만난 사랑

권금주 시집

언젠가 꼭 한 번 찾고 싶었던 그곳엔
손 때 묻은 메뉴판도 그대로이고
장작불 타오르던 커다란 벽난로도
낡은 풍금도 그대로 추억을 더듬게 합니다

문학공원

시인의 말

행복한 그리움을 씁니다

내 안에 쌓여 바위처럼 단단하게
굳어져가던 감성을 깨워주고
마음 곁으로 다가와
곧은 심지가 되어준 고마운 시어들

넘어지지 않게 빛이 되어주고
곧게 걸어갈 수 있게 길이 되어주고
기댈 수 있는 언덕이 되어주고
삶의 테두리 안에서 웃게 하는 힘입니다

오늘도 눈으로 마음으로 가슴으로
그리움 한 구절 적습니다
그대 모습도 그려 넣습니다
그대는 영원히 나와 함께 할 내 그리움이니까요

Contents

1부

그대 사랑이고 싶습니다

2부

못 잊어 그립거든

Contents

3부

그대라는 나무

4부

당신을 사랑합니다

Contents

5부

소롯길 그곳에 가면

1부

그대 사랑이고 싶습니다

안개비

아지랑이 가물가물
시야를 흐려놓던 날
긴 머리 뽀얀 이슬로 적셔놓았지요

햇살은 갈증나게 애태우고
나뭇잎 끝이 타들어가던 날도
예고 없이 그대가 다녀갔어요

부서질 듯 마른 가지
연둣빛 노랗게 바래 질 때도
초록물 살며시 뿌려주고 갔지요

안개 속 뿜어오던 물방울들은
보고 싶다 보고 싶다 허공을 떠돌다
그리움으로 맺힌 그대였어요

고이고 고인 기다림이 터져
하얀 빗물 되어 적시던 그대

지금 내 가슴에도 그대가 비되어 내려요

창문 밖 세상

창문 안으로 스며들어 아침을 깨우는 너
눈을 뜨니 창문 밖 맑은 햇살이었네
텃밭엔 아직 캐다 남은 고구마 땅콩
잎들 무성한걸 보니 아직 가을이 덜 여물었구나

슬쩍 부는 아침 바람에 하늘거리는
말라깽이 키다리 수수와
시들어 말라비틀어진 호박 줄기에도
그리움 짙게 묻어나는 아침

스치고 지나온 사소한 모든 것들이
귀하고 귀한 내 삶의 하나였음을
무심코 바라보던 하찮은 풀 한 포기도
소중한 내 삶의 곧은 뿌리였음을

창문 밖 바라보는 세상
마음껏 펼칠 꿈의 무한세계
여린 몸 긴 잠에서 깨어 얼른 박차고 일어나

세상 그대 앞에서 꿈을 노래하리라

내 사랑입니다

속삭이듯 귓가에 맴도는
자상한 그대 목소리
사랑한다는 그 말을 전송해주는
그대는 내 기쁨의 통장입니다

눈앞에 마주볼 수 없어도
먼 거리 달려갈 수 없어도
사랑 받고 있다는 걸 알게 해주는
그대는 내 행복의 곳간입니다

하루가 저물어 정리하는 시간
투정 부려도 미소로 다독이고
지친 마음 기댈 수 있는
그대는 내 사랑의 샘물입니다

오직 한 사람

그대 뜨락을
서성이는 날
그 마음 아는지
실비가 내렸습니다

보고 싶음 커도
견뎌야 하는 시간들
뿌연 기다림
걷히는 날 오겠지요

떨어져 있어도
함께 할 더 큰 기쁨이
다가오고 있기에
참을 수 있습니다

유일한 사랑
재회할 날 기다리며
한 주 일상에 묻혀

바쁜 시간을 살렵니다

그대 사랑이고 싶습니다

그대 만나고 돌아가는 길
밤하늘 모퉁이 돌아서
희미한 별 하나 주웠습니다

소곤소곤 물소리 산들바람
어둠을 읊을 때 사색에 잠길 그대
마음길 밝혀 곁에 두고 싶습니다

한숨소리 고요를 깨울 때면
그대 시선 머무는 그곳에
오직 그대 사랑의 빛으로 남겠습니다

단 하루만이라도

한 모금 마시다가
입천장이 벗겨져도
위로가 될 수 있는 커피처럼
그대 마음에 따뜻한 위로이고 싶다

오랜 세월 잊었다가도
어느 날 문득 스며드는
첫사랑의 달콤한 캐러멜 향처럼
행복한 꿈길 그대와 걷고 싶다

그대 가슴에 한 줄의 시로 남아
반갑게 내리는 단비처럼
단 하루만이라도 기쁨이 되어
입가에 미소 짓는 그대 모습 보고 싶다

그리움에도 향기가 있다

그리움에도 향기가 있다
내 그리움의 향기는
부드러운 카푸치노의 달콤한 향이다

이렇게 비가 하염없이 내리는 날이면
그 향기 빗물 타고 찻잔 가득 담겨져
그대 그리움의 향기에 젖게 한다

마셔도 마셔도 비워지지 않는 그리움
비가 내리는 날이면 그대 향기가 그립다
달콤한 그대 향기에 흠뻑 젖고 싶은 날이다

소중한 내 사람

내가 느끼지 못하는 사이에
사랑은 그렇게 찾아옵니다
내 마음의 전부가 되어
금방이라도 타들어갈 것 같이 찾아옵니다
붉은 노을보다도
더 붉게 더 뜨겁게 나를 태워
당신만 바라보는 사랑이게 합니다

드라마 같은 얘기는 아니지만
사랑은 그렇게 시작됩니다
긴 여운으로 남아 생각나게 하고
늘 마주보게 하는 마음으로 시작됩니다
그리움의 그림자를 만드는 사랑
당신만 생각하는 사랑이게 합니다

사랑은 그렇게 영글어갑니다
가을볕 같은 따스함과 진실 된 마음이
가슴에 스며들어 미소로 새순이 돋아나고

환한 웃음으로 주렁주렁 열리는 사랑
당신만 기다리는 사랑이게 합니다

사랑할 수 있을 때 사랑하고 싶습니다
우연이 아닌 인연으로 만난 사랑
마음 다해 사랑할 수 있다면
하나의 사랑 소중한 내 사람
당신을 향한 불길이고 싶습니다
그 사랑 당신에게만 주고 싶습니다

가슴으로 하는 사랑

그대 얼굴 마주하니
내 눈가엔 살며시 이슬이 맺히네
아린 인연도 하늘이 준 것
한 세상 바라만 보는
해바라기 인연일 지라도
그대를 내 가슴속 깊이
묻고 살아야 하는 눈물이어도
그 하나에도 감사함은
어쩌면 그대는 나를 닮은
또 다른 하나의 나이기 때문이리

그리움과 사랑은

그리움은 생각하고 생각해도
자꾸만 생각나는 거래
보고 싶고 아려도 견뎌지는 건
사랑했던 순간들을 잊지 못하고
늘 그 기억으로 사는 거래

사랑은 기다리고 기다려도
다시 또 기다려지는 거래
기다림이 지루하지 않는 건
다시 올 거니까 서성이는 시간이
걸려도 견딜 수 있는 거래

그리움은 그리운 대로
그냥 놔두고 사는 거래
사랑은 기다림이 길어도
오늘처럼 긴 기다림이 되어도
그냥 지켜보고 기다려주는 거래

그대 오신다기에

그대여 어서 오세요
어찌하여 이리 늦으시나요
부슬부슬 내리는 가을비에
주춤주춤 나서던 발걸음 돌리셨나요

그대 오시는 길
행여 그대 신발 젖을까
고운 단풍잎 소복이 깔아 길을 열고
그대 사뿐사뿐 오시기를 기다려요

아무리 기다려도 소식 없는 그대
사각사각 단풍잎 밟고 오시는
그대 발걸음 소리는 들리지 않고
갈바람에 뒹구는 낙엽소리만 요란해요

그리움을 찾아 가는 길

별빛 따라 달빛 따라
그리움 찾아가는 길
어디쯤에 있을까
내 그리움…

마음의 강을 건너고
기억의 정류장을 지나
생각의 비탈길을 걸어
체념의 숲을 헤치고
미련의 다리를 건너서
지움의 배를 타고
찾을 수 없는 곳으로
꼭꼭 숨어버렸네

별빛 따라 달빛 따라
그리움 찾아가는 길
어디가면 찾을까
이 혹독한 내 그리움…

꽃잎 연정

긴 목마름에
고개 숙인 여린 꽃잎들
젖을 듯 말 듯 내려주는
단비 방울방울 담아
세수하고 곱게 단장하는 날

행여 고운님
눈길 한 번 주려나
하늘하늘 부는 바람에
가녀린 줄기 길게 빼고

살랑살랑
두리번두리번
어여쁜 꽃잎 활짝 열고
임 오기만을 기다리네

하늘이 허락한 사랑

얼마나 귀한 행복인지
얼마나 고마운 사랑인지
가끔은 잊고 살았습니다
이제야 알 것 같습니다

사랑이라는 집을 짓고
행복이라는 울타리를 엮고
서로 보듬고 배려하는 사랑
서로 의지하고 위로가 되는 사랑

오직 하나의 사랑으로
평생 함께 할 수 있다는 것은
하늘이 준 최고의 선물이라는 것을
늘 감사하며 그대 곁을 지키겠습니다

설야雪夜

바람을 타고 가로등 불빛 아래로
이 밤 당신은 소리 없이 내려앉으셨습니다

스르륵 발끝에 이슬로 맺혀
촉촉이 젖어오는 당신의 눈물이 애달픕니다

불빛 아래 눈부신 당신을 보니
잊혀져가던 기억들을 알알이 맺혀옵니다

하얗게 빛나는 당신의 숨소리는
낡고 바랜 추억을 숨 쉬게 하는 마술을 부립니다

잃어버린 시간들의 퍼즐조각을 맞추게 하는 당신은
사랑으로 스며들어 이 밤 내 두 눈을 멀게 합니다

부라파의 추억

내 그리움이 머무는 곳
또다시 찾아왔습니다
아름드리나무마다 고운 꽃송이
탐스럽게 피우고 은은한 향기로
행복 한 아름 안겨주는 아름다운 곳

한차례 소낙비 지나간 초록 잔디 위엔
예쁜 꽃잎들 소리 없이 내려앉아
마지막까지 향기로 날리우고
훈훈한 바람결에 유혹하듯 실려오는
달콤한 향기는 가는 걸음을 멈추게 합니다

설레임 안고 다시 찾은 곳
마음의 쉼터 같은 곳
이곳엔 나를 들뜨게 하는
내 그리움이 있습니다
내 달콤한 향기가 있습니다

추억 따라 걷게 만드는 이곳에

그리움 하나 추억 하나 남겨놓고 갑니다
남겨놓은 그리움 하나 추억 하나
간절히 생각나고 보고파지는 날
망설이지 않고 다시 오렵니다

2부
못 잊어 그립거든

그곳에 가고 싶다

산길을 걷다 나무벤치에 앉았다
그대와 시어를 낚던 곳
가끔은 추억을 더듬는다

나처럼 그 기억을 잊지 못해
한 번쯤은 돌아봐주지 않을까
마음은 그곳을 떠돌고 있다

오래전 일도 아닌데
뿌연 그리움으로 남아
꿈속에서 거닐곤 한다

초록물감 풀어놓았던 산길엔
사그락거리며 하품하는 가을이
그대와 나를 기다릴지 몰라

바랜 기억 더 하애지기 전에
그리움 찾아 바람처럼 갔다가
바람처럼 거닐다 오련다

오수午睡에 빠진 날

한 줄기 연한 갈바람 타고
익숙한 향기로 다가와
마른 마음 흔들던 사람
바로 그대였나요

뚝뚝 떨어져 시든 감성
한 잎씩 다시 붙여주고
침묵으로 다독이던 사람
바로 그대였군요

오늘처럼 맑은 날
감긴 두 눈 뜨기 싫을 때
놓은 펜 다시 손에 쥐어준 사람
역시 그대였어요

깜짝 놀라 눈을 떠보니
얼굴을 간질이던 눈부신 가을 햇살이
짓궂게 웃고 있었어요

한가로운 오후
진한 블랙커피 한 잔에
스르르 잠시 마음을 놓았다가
꿈속에서조차 그대를 보네요

아! 꿈이었구나…

여유

메말라 갈라진
감성밭
촉촉이 적셔주고

부족하고 모자란
마음밭
방울방울 채워주고

갈증나고 푸석한
사랑밭
잔잔하게 스며들어

토닥토닥 감싸주는
거름 같은 고마운 시간
그리움이 방긋 웃는다

무엇을 해도 그리운 날

오늘같이 무엇을 해도 그리운 날은
그대 생각 하나로
긴 하루를 달래봅니다

그대 시선 머무는 곳이
그대 생각 멈추는 곳이
나이기를 바라는 욕심으로

허한 가슴 비에 젖어
마르지 않는 것은
그대 곁에 두고 온 마음 때문입니다

보고 싶다는 말
허공에 맴돌다 되돌아오고
오늘은 무엇을 해도 그대가 그리운 날입니다

못 잊어 그립거든

다시 찾겠노라던
두고 온 시간 속
그 길을 거닐었습니다

바라보던 산자락
함께 거닐던 숲길은
한 장의 수채화 엽서였습니다

솔향기 짙게 묻어나던 그곳
못 잊어 그립거든 찾아와
다녀간 자국 남기겠다던 말

잊혀지지 않아
다시 기억을 걸어 왔건만
그대 흔적 어디에도 없습니다

나뭇잎 노을져 떨어질 때쯤
하얀 발자국 녹아내릴 때쯤

진달래 연지 곤지 찍을 때쯤

언제쯤 다녀가시렵니까
그때쯤 다녀가시렵니까
다녀간 흔적마저 지우셨습니까

살아가는 이유

행복한 열병으로 머무는 그대는
오늘도 반짝이는 감성으로
잊지 못할 하루를 선물합니다

뿌연 하루가 기침할 때마다
그대는 든든한 울타리가 되어주고
멍울진 마음 안아주는 사랑입니다

어둠이 내려 그림자가 지워질 때면
그대는 내게 고독한 시인이 되어
그리움을 쓰게 만듭니다

우울하고 아픈 날도 그대를 만나고
허전함이 밀려오는 날은 그대를 기대고
잠드는 순간까지 놓지 못하는 그대입니다

살아오면서 가장 잘한 일은
그대 시詩라는 끈을 놓지 않은 것

그대는 일생 함께할 나의 연인입니다

여심女心

바라봐주지 않아도
몽실몽실 맺히는 꽃망울
눈길 주지 않아도
초롱초롱 피어나는 향기꽃

바람에 흔들려도
뿌리 뽑히지 않고
휘청거려도 꺾이지 않고
그 자리 지키는 꽃

꽃잎 시들어 부서져도
한결같은 그 향기로
다시 태어나는 꽃
그대 이름은 여심女心

그리움 한 움큼 손에 쥐고

지는 해 바라보다 문득
그대 생각이 났습니다
치악산줄기 긴 능선을 타고
여운을 남기며 넘어가는 해
내 그리움도 지는 해를 따라
능선마다 길게 걸쳐 놓았습니다

어제도 그 전날들도
오늘처럼 그리워했을 그대
하루해는 어둠이 내려오면
하루를 내려놓지만
능선마다 걸쳐놓은 내 그리움은
어둠이 내려앉아도 깊어만 갑니다

치악산 굽이굽이 걸쳐 놓은 그리움 조각들
지금도 그때의 그 낭만으로 남아 있는지
언젠가 한 번쯤은 그리운 흔적 따라
그리움 밟으며 그 낭만 길을 오르고 싶습니다

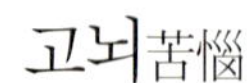

고뇌苦惱

버릴 수 있다면
허공에 떠도는 먼지까지도 털어버리고

비울 수 있다면
거품 같은 욕심 하늘 위로 날려버리고

내려놓을 수 있다면
내 육신 찢기우고 조각나도 아프지 않으리라

소롯길에서 만난 사랑 · 1

그곳엔 그리움이 있습니다
그곳엔 애틋한 추억이 있습니다
붉게 물든 가을을 만나러 갔습니다
오랜 세월에 얼마나 변했을까
아련한 기억 안고 다시 찾은 곳
뜨락 끝에 줄지어 서 있는 나무도
커다란 창밖 작은 돌담길도
변함없이 그대로인 그리움이 머무는 곳
언젠가 꼭 한번 찾고 싶었던 그곳엔
손 때 묻은 메뉴판도 그대로이고
장작불 타오르던 커다란 벽난로도
낡은 풍금도 그대로 추억을 더듬게 합니다
소박한 추억 하나 생각나고
십년이 지난 뒤에도
더 많은 세월이 흐른 뒤에도
또다시 그리워서 찾게 될 곳
그곳에 가면 풋풋한 정겨움과 사랑이 있습니다

소롯길에서 만난 사랑 · 2

지금쯤 뜨락엔
낙엽이 겹겹이 쌓여있겠지

갈색 카펫을 깔아 놓은 듯
걷는 발자국마다
폭신폭신 아작와작
그리움의 소리들로 몸살을 앓겠지

바랜 나무문을 열고 들어서면
풋풋한 정겨움이 한가득
속삭이듯 반기는 사랑의 쉼터

소박한 밥상과
동동주 한 잔 생각날 땐
무작정 사랑하는 이 손 잡고
소롯길로 간다네

토닥토닥 싸우던 연인들도
두 손 꼬옥 잡고 사랑을 맹세한다네
소롯길 그곳에 가면
사랑이 이루어진다네

소롯길에서 만난 사랑 · 3

설레임으로 내려앉은 겨울이
떠나는 가을을 배웅합니다
치악산 길목 소박한 소롯길에도
가을과 겨울이 마주보고 있습니다

산자락 아래 스며드는 찬바람은
다정한 연인들 어깨를 움츠리게 합니다
오늘도 그곳에는 따뜻한 사랑이 있고
마주하는 웃음소리가 한가득입니다

덩그러니 놓인 벽난로엔 통나무 장작불이
연인들의 어깨를 넌지시 기대게 합니다
늘 같은 자리 지키는 낡은 풍금은
중년부부에게 아련한 향수에 젖게 합니다

계절이 바뀔 때마다 커다란 통유리창엔
작가미상 사계절이 한 폭씩 그려집니다
미처 가지 못한 가을이 몇 잎 남은 잎새를 흔들고

한 폭의 풍경화로 가을의 여운을 남깁니다

한 번 다녀가면 잊지 못하는 수수한 밥상은
십년이 지난 후에도 다시 찾게 합니다
하얀 눈이 내리면 눈부신 앞산 설경은
사랑의 풍경화가 되어 그리움을 안길 것입니다

알고 싶어요

알고 싶어요
그대도 내 마음과 같은지
먼 산 지는 노을을 바라보며
보고픔의 안타까움으로
한숨지으며 그리워한 적 있는지요

알고 싶어요
그대 날 생각하는지
산들바람 소리 없이 스쳐가는
어느 공원 벤치에 앉아
문득 내 생각에 간절함으로
내 모습 그려본 적 있는지요

알고 싶어요
그대 날 그리워하는지
밤마다 찾아오는 공허함에
밤하늘 별 헤이며 그대 마음속에
내 별 하나 품고 가슴 설레인 적 있는지요

알고 싶어요

그대의 모든 것이
눈을 감고 떠올려 보는 그대 모습은
늘 내 앞에 있는 것처럼 선명한데
그대 고운 숨소리 내 심장을 뛰게 하는데
나도 그대에게 애틋한 보고픔인지를요

그대 웃어봐요

창가를 두드리는 겨울빛 햇살
그대 그늘진 마음에 스며들어
따뜻한 빛이 되어줄 거예요

먼 산 아래 걸려 있는 구름도
하늘 가득 행복물감 풀어놓고
그대 환하게 웃기만을 기다려요

작은 웃음보따리 살며시 풀어봐요
올망졸망 행복이 그대 안에 있어요
마음 열고 이제는 환하게 웃어요

주머니 속에 넣어둔 마음의 꽃씨 한 톨
연분홍빛 봄이 오면 사랑으로 꽃잎 열고
짙은 행복향기로 그대만을 바라볼 테니까요

두 마음

마음과 마음
한때는 서로 마주보고
행복하게 웃었을 마음

마음과 마음
한때는 서로를 위해 맹세했을 마음
하나이길 믿었을 마음

마음과 마음
지나고 보니 허무한 마음
사랑도 집착도 아닌 부질없는 마음

마음과 마음
믿음과 불신에 갈등하는 마음
가질 수도 버릴 수도 없는 방황하는 마음

마음과 마음
놓을 수도 비울 수도 없는 아린 마음

내가 나를 가두어 이제는 열리지 않는 마음

단 한 사람 그대에게

두 눈 꼭 감고 기억을 거닐다 보면
그대 모습이 내 안에 선명히 그려집니다

애틋함으로 멍울지는 날들
그대로 하여 열병을 알아가는 날들
아프고 아린 마음으로 평생 살지라도
그대라는 한 사람 내 삶의 힘입니다

그대가 내 곁에서 멀어져
나를 잊는 날이 와도
생을 다하는 그날까지 그대를
마음 다해 사랑하고 싶습니다

어쩌다 우리가 만나서
어쩌다 이리 아린 인연이 되었는지
그대 생각할 때마다 훔치는 눈물
그댄 모르겠지요

그대만 행복하다면 난 괜찮습니다

내가 더 많이 그댈 사랑하니까요
이 세상에 단 한 사람 내 사랑이여
익숙한 그대만의 향기가 그립습니다

바람으로 구름으로 떠돌다
그대 내 곁으로 내려오는 날
잠 못 이루고 그대 보고픔으로
지새던 날도 눈 녹듯 사라지겠지요

보고픈 사람을
볼 수 있다는 건 축복입니다

혼자만의 고독

가로등 불빛 아래
살며시 내려앉은 너를 품는다
하나는 외로울까
그 곁에 하나 더 내려앉는다

둘은 쓸쓸하지는 않으나
바람 불면 흩어질까
부르고 또 부르니
그리움 한가득 깔고 내려앉는다

무심코 너를 밟고 지나다
네 곁에 앉아 사색을 즐긴다
너의 일생은 피고지고 또 피고지고
그리 피고 또 그리 지는구나

이 밤 떨어지는 너를 보며
널 닮은 혼자만의 고독을 즐긴다
너를 내 곁에 두고 싶은 나는

슬그머니 주머니에 너를 넣고 일어선다

그 안에서 서걱서걱 거리는 너를

따뜻한 손으로 살며시 감싸 쥐어본다
보고플 땐 보고 싶다고
그리울 땐 그립다고 말을 하라고

속삭이듯 손 안에서 와스락 바스락
내게 사랑의 숨결을 넣어주는 너
너를 보니 애달픈 마음만 더하는구나
혼자만의 고독이란 이런 건가 보다

혼자만의 고독 · 2

이 밤 그가 나를 부른다
나만 바라보는 그가 애처로워
살며시 두 손으로 꼬옥 안아본다
차갑게 언 그에게 입맞춤하니
내게 기대어 나만 바라본다

넘어가지 않을 듯 넘어갈 듯
갈등하는 마음 서로 넋을 놓고 바라보다
슬쩍 또 한 번의 입맞춤으로 다가서니
그의 웃음소리 고요를 흔든다

시간을 마시고
기다림을 마시고
보고픈 마음까지도
하나도 남김없이 마구마구 마셔댄다
혹시나 내 사랑까지도 다 마셔버리고
기억상실증에 걸리게 하는 건 아닌지

아! 야속하여라
이 밤 또다시 잠 못 이루고 지새우게 하는가

3부
그대라는 나무

나의 정원은 자유롭다

나의 정원은 자유롭다
다듬지도 가꾸지도 않는다
엉키고 쓰러져도 원망이 없다
그냥 무성한 풀밭이다

휘어지고 부러져도
피워야 할 꽃잎이 있고
뻗어야 할 줄기가 있기에
아파할 시간조차 없다

밟혀서 꽃잎 일그러지고
꺾여 줄기 시들어도
바람이 쓸고 간 자리
서로 기대고 받쳐준다

통유리창 밖 카페 길가
나의 정원은 누구라도
바라보고 사색할 수 있는

지극히 순수한 초록 풀밭이다

아침 풍경

고목 플라타너스
잎사귀마다 굵은 빗물 스며들어
짙은 초록미소로 반기는 아침

낭만길 따라 흐르는 도랑물엔
송사리떼 소풍길 나서고
외로운 금붕어 한 마리 홀로 고독을 즐긴다

늦잠 자던 이팝나무
부는 바람에 놀라 경기를 하고
가득 머금었던 빗방울
후두둑 머리 위로 쏟아져 흠뻑 젖었다

슬그머니 나오는 웃음
참을 수 없어 누가 볼까
혼자서 한바탕 웃다가
싱그러움에 반해 잊었던 출근길 서두른다

어디선가 솔향기 묻어온다
비릿한 풀내음도 실려온다

긴 머리 축축하게 젖어도 좋은 날
아! 꿈같은 시간이 흐른다

후애厚愛

이글거리는 태양
뜨겁게 들꽃을 태워도
어둠이 내리면 여린줄기
햇살이 그리워집니다

뙤약볕에 지치고 쓰러져도
꽃잎 떨구지 않고
긴 밤 아침을 기다리는 건
햇살이 그립기 때문입니다

한 사람을 사랑한다는 것은
자신을 태우는 것
한 사람에게 사랑받는다는 것은
숨이 멈춘다 해도 행복한 것

마르고 마른 마음 밭에
넌지시 피어나는 사랑은
등졌다 마주보는 햇살과 들꽃처럼

일생 기대며 늙어가는 것입니다

이 계절이 다 가기 전에

추억 하나 남겨준 그대가 참 고맙다
부는 바람에 이리저리 날리우며
나비처럼 나풀거리는 그대를 보며
내 심장 깊숙이 꿈틀대는 그리움도
오늘만큼은 접어 두리라

그대가 있어 삶이 즐거운 나는
그대를 곁에 둘 수 있어 행복한 나는
그대의 고운 시어에 흠뻑 젖은 나는
그대의 넓은 뜰에서 그대를 음미하고
그대를 외치며 그대를 품는다

오늘도 그대 따라 나서는 길
나는 그대를 찾고
그대는 나를 기다리고
내 안에 스며든 그대 마음껏 불러 보리라
이 계절이 다 가기 전에

꽃이 바람에게 전하는 말

흐드러지게 핀 들꽃향기 맡으면서
울퉁불퉁 돌담길을 걷고 싶은 거다
발끝에 밟히는 작은 돌멩이조차 안쓰러워
조심스럽게 비껴가며 그냥 걷고 싶은 거다

요란한 파도소리 들리는
비릿한 바다내음이 배인 찻집에 가고 싶은 거다
허름한 찻집에 앉아 투박한 잔에
설탕 한 스푼 넣은 싱거운 커피를 마시고 싶은 거다

한 번쯤은 바람이 되어 가보고 싶은 거다
한 번쯤은 바람 따라서 가보고 싶은 거다
때로는 나도 바람이 되어보고 싶은 거다
그냥 한 번쯤은 떠나보고 싶은 거다

사랑이라는 이름의 추억이라는 그곳으로…

커피에 비가 내리면

솜털처럼 가볍게 내리는 봄비가
마른 가지마다 쌓여있는 먼지를 씻어주고
수줍게 세상 밖으로 고개 내미는
여린 잎새에게 포근히 안깁니다

커피를 마시다가 문득
비 내리는 거리를 걷고 싶어서
작은 우산 하나 쓰고
한적한 거리를 커피와 함께 걸었습니다

식은 커피 잔엔 마시다 만 커피향이
내리는 비에 젖어 차갑게 식어가고
소리 없이 내리는 비를 바라보니
아득히 먼 그리움이 뭉클합니다

비 내리는 날 마시는 커피는
아무리 진해도 쓰지 않고
아무리 달콤해도 갈증나지 않는

보이지 않는 마법의 커피입니다

오늘같이 바람은 잠들고
봄비가 가냘프게 내리는 날은
그리움에 젖은 커피에도
여린 빗물이 스며듭니다

커피가 위로가 되는 날
커피 따라나선 짧은 낭만길
하루의 피곤함은 사라지고
마음은 커피를 기대며 하루를 보냅니다

커피에 비가 내리면
비에 커피가 젖으면
마음은 커피향으로 젖어들어
오늘도 행복한 그리움을 부릅니다

낙엽 사랑

고운 햇살 등에 지고
아직 물들지 않은
네 잎새를 떨군 바람
참 야속하겠구나

소복이 쌓여 있는 널 밟으니
사각사각 와스락와스락
쓸쓸함 달래주는
고운 선율이 되었구나

이 가을이 가고나면
메마른 내 가슴에
아린 사랑 하나 남기고
너도 바래고 묻혀지겠지

너는 다음 해 또다시 오겠지만
아픈 내 사랑은 어디 가서 찾을까
낙엽 따라 계절 따라 흘러흘러

흔적도 없이 사라져갈 눈물 같은 사랑이여

사랑의 단비

나를 미소 짓게 하는 그대는
가슴속 그리움으로 남아
이른 아침 단비로 내립니다

메마른 지친 마음 적셔주는
기쁨의 단비는 그대가 보낸
사랑의 단비인가 봅니다

예고도 없이 바람처럼
살며시 찾아오는 그리움되어
내 가슴에도 촉촉이 내립니다

보일 듯 말 듯 스치듯 내리는 이 비는
그대가 내게 주는 행복의 단비입니다
그대가 내게 전해주는 그리움의 안부입니다

겨울 일기 · 1

창문 틈새로 스며드는 바람

소리 없이 아침을 흔든다

가려진 커튼 사이로 스멀거리다

커튼 가득 핀 들꽃향기에 취해

그만 바람인 걸 잊었다네

겨울 일기 · 2

눈부신 백설은 이 밤

바람으로 마음을 흔들고

반쪽 잃은 달빛은 이 밤

침묵으로 마음을 다스린다

영원히 피어 있으리니

세상 모든 꽃이
향기를 잃는다 해도
그대 아름다운 향기
온 세상을 덮을 테니
그대여 힘내요
그대 고운 향기로
세상을 안아주세요

세상 모든 꽃이
시든다 해도
그대 아름다운 꽃
언제나 지지 않고
세상에 뿌리 내려
기쁨과 행복으로
활짝 피어 있으리니
그대여 힘내요
그대 어여쁜 꽃으로
세상을 가득 채워요

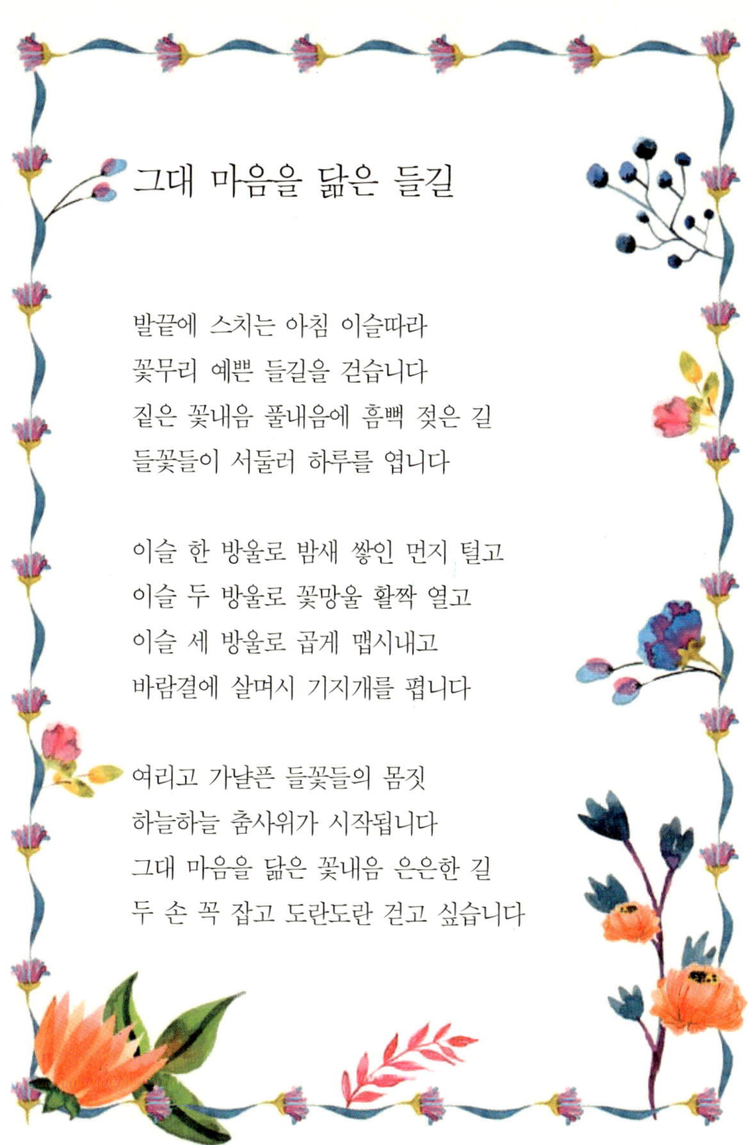

그대 마음을 닮은 들길

발끝에 스치는 아침 이슬따라
꽃무리 예쁜 들길을 걷습니다
짙은 꽃내음 풀내음에 흠뻑 젖은 길
들꽃들이 서둘러 하루를 엽니다

이슬 한 방울로 밤새 쌓인 먼지 털고
이슬 두 방울로 꽃망울 활짝 열고
이슬 세 방울로 곱게 맵시내고
바람결에 살며시 기지개를 폅니다

여리고 가냘픈 들꽃들의 몸짓
하늘하늘 춤사위가 시작됩니다
그대 마음을 닮은 꽃내음 은은한 길
두 손 꼭 잡고 도란도란 걷고 싶습니다

안개 같은 그리움

하루가 저물어
오늘을 내려놓을 때면
텅 빈 가슴 깊은 곳에서 밀려오는
알 수 없는 감정들로 공허함이 밀려옵니다

사방을 둘러보아도
짙은 어둠과 흐르는 적막함에
또다시 안개처럼 밀려오는
걷힐 듯 말듯 걷히지 않는 어떤 그리움

내 안에서 꿈틀거리는
내면의 감성들이 그대 그리움을
더 마주보게 하고 더 자라게 하는지도 모릅니다
시작도 끝도 알 수 없는 안개 같은 그리움

그대라는 나무

든든한 지지목이 되어주는
하늘처럼 넓은 그대의 어깨는
기댈 수 있는 나의 쉼입니다

그대라는 나무
의지가 되고
믿음이 되고
더 큰 사랑이 되어
나를 살게 하는 힘입니다

한 번쯤은 아파도 보고
한 번쯤은 후회도 하고
한 번쯤은 가슴앓이하며
내면의 성숙을 살찌워가는 날들

그대라는 나무가 있기에
흔들리지 않고 꺾이지 않고
지금 이 자리에 설 수 있음입니다

힘내요 내 사랑

힘내요 내 사랑
올망졸망 행복들이 늘 곁에 머물 수 있게
지키고 가꾸는 행복 울타리가 될게요

힘내요 내 사랑
지친 마음 달래주는 평온한 쉼이 되어
당신 곁을 지켜주는 한 그루 향기나무가 될게요

힘내요 내 사랑
사계절 피고 지는 제라늄 꽃잎처럼
그리 피고 지고 일생 당신 뒤엔 내가 있어요

힘내요 내 사랑
하늘이 준 인연으로 맺어져 노을빛으로
물들어가는 인생길 당신 옆엔 내가 있어요

미안해요 내 사랑

미안해요 내 사랑
그대에게 내 맘 전부를 더 많이 주지 못함이

미안해요 내 사랑
그대 마음 더 많이 보듬어 안아 주지 못함이

미안해요 내 사랑
그대 얼굴에 환한 웃음 더 많이 주지 못함이

미안해요 내 사랑
그대 옆에서 더 많은 평온한 쉼을 주지 못함이

미안해요 내 사랑
그대의 모든 것 더 많이 안아주고 감싸주지 못함이

4부 당신을 사랑합니다

산다는 건 그런 거야

가끔은 아린 통증을 느끼면서도
산다는 건 그래도 참 많이 감사한 일이야
웃자 웃자 속으로 다짐을 하지

피고 지는 꽃잎처럼 향기롭게
피고 지는 날들 얼마나 될까
고맙다 고맙다 스스로 위로를 하지

밤하늘 모여 있는 별들처럼
반짝반짝 빛나는 삶은 아니더라도
행복하다 행복하다 체면을 걸지

산다는 건 긴 침묵의 인내로
먹먹한 마음 휘어잡고 다스리며
새벽이 밝아오는 희망을 놓지 않는 거지

특별하지 않아도 화려하지 않아도
움트고 영글고 떨어지기를 반복하면서
그래그래 좋아좋아 다독이며 사는 거지

감기에 걸린 것처럼

계절이 바뀌는 길목에서
우두커니 서성이는 사랑을 봅니다

어슬렁거리는 바람소리에도
놀라서 흔들리고 열이 납니다

사랑도 때로는 사랑이란 걸
모르는 척 그냥 지나치라고 합니다

앙상한 가지만 휑하니 남은 고목의
지난 시간을 밟으며 사랑이 돌아서 걷습니다

사랑도 지독한 감기 앞에선
모든 걸 체념한 듯 시름시름 앓기 시작합니다

사랑도 감기에 걸린 것처럼
때로는 어지럽고 아픈가 봅니다

바람 불고 잎은 떨어져도

바람 분다고 바람따라
어디로 갈까 갈팡질팡
흔들리지 마세요
바람도 가는 길이 있나니
함부로 부는 바람이 아니랍니다

고운 잎 떨어져 바닥에 뒹군다고
안타까워하지 마세요
마른 잎 다 떨어지고 나면
다음 계절과 만나리니
그대가 떨어지는 것은 아니랍니다

낙엽 진다고 삶이 저무는 게 아니니
서글퍼하지 마세요
땅에 묻히고 스며들어
살이 되고 거름이 되리니
그대 삶이 지는 것은 아니랍니다

열감기

지난 밤 살금살금
내 품으로 스며들어
두 눈엔 열꽃
온 몸엔 시린 땀방울로
흠뻑 젖게 하는 당신

당신의 지독한 사랑에
볼그스레 연지곤지 찍힌 두 볼
장작불 지핀 듯 활활 타올라
불꽃으로 활짝 피어오르네

그 사랑 외면하려할 때면
시베리아 벌판을 걷게 하고
머리를 콩콩 쪼아대는 당신
이런 당신 정말 밉다

아, 이 지독한 사랑아!

봄마중

봄꽃처럼 곱던 날도 있었습니다
봄바람처럼 가슴 설레이는 날도 있었습니다
봄비처럼 촉촉한 사랑을 꿈 꿀 때도 있었습니다
봄이 오면 아련한 그리움에 젖습니다

눈부신 봄빛에게 살며시 마음 한 줌 건네봅니다
코끝으로 전해지는 바람내음을 느껴봅니다
봄은 소리 없이 곁으로 곁으로 다가옵니다
한 걸음 두 걸음 까치발 떼며 살며시 걸어옵니다

눈으로 볼 수 있는 곳에 있습니다
마음으로 느낄 수 있는 곳에 있습니다
손끝으로 만져질 수 있는 곳에 있습니다
옆에 와 있는 봄에게 살포시 기대어 봅니다

고운 햇살 옆에 끼고 봄이 오는 길목을 서성입니다
봄이 손짓하기 전에 내가 먼저 봄 앞에 섭니다
먼발치서 봄이 향긋한 미소를 뿌립니다

오늘은 내가 먼저 봄마중 나섭니다

정인

사계절 푸르름
변치 않는 소나무처럼
오랜 세월이 흘러도
변치 않는 늘 푸른 그대는
오직 한 사람 나의 정인입니다

삶의 열정을 가르쳐준 사람
사랑의 고귀함을 알게 한 사람
마음의 빛이 되어주는 든든한 사람
그대는 오직 한 사람 나의 정인입니다

더운 여름날 반갑게 불어오는
오아시스 같은 한 줄기 바람으로
언제나 일상에서 함께하는 사람
그대는 오직 한 사람 나의 정인입니다

비가 와도 젖지 않을
바람 불어도 흔들리지 않을
작고 튼튼한 믿음의 집 하나 지어서

영원히 꺼지지 않을 사랑의 촛불
그대만을 위해 밝히겠습니다
그대는 오직 한 사람 나의 정인입니다

당신을 사랑합니다

설레임으로 당신을 만났습니다
우연으로 다가온 인연이
가슴 설레임은 당신을 내가 먼저
사랑하게 되었기 때문입니다
어디를 가든 항상 내 마음을
따라 다니는 당신이 있어 행복합니다
얼굴에 미소를 짓게 되었습니다
웃지 않던 내가 이젠 혼자서도 웃습니다

생각하는 것만으로도
바라보는 것만으로도
마음이 즐거울 수 있는 건 당신 때문입니다
바람 불어오고 거센 빗줄기 뿌려대도
추운겨울 눈보라 몰아쳐도
꺼지지 않을 당신이라는 작은 불씨하나
내 마음속에 조심스레 켰습니다

당신은 내 가슴속에 영원히
꺼지지 않는 뜨겁지도 차갑지도 않은

온화하고 따뜻한 내 사랑입니다
내 마음과 내 사랑을 당신께 드립니다
그런 소중한 당신을 사랑합니다

흔적

물안개 피어오르는
잔잔한 호수 건너
먼 산 아래 걸려있는
자욱한 아침안개 사이로

희미하게 보이는
길게 늘어선 산등성이들
아침안개로 하이얀 옷 걸쳤네

호숫가 바람 타고
굽이굽이 산등성이 넘고 넘어
내 그리움도 한번쯤은 다녀갔겠지
이 산 저 산에 그리움 뿌려놓고 간 흔적

나에게 그대는

나에게 그대는
한여름날 간간이 불어오는 실바람
살며시 내 앞을 스쳐가도
난 느낌으로 그대라는 걸 알기에
그대 따라 나도 실바람이 되어보아요

나에게 그대는
나른한 오후 달래주는 한 잔의 커피
졸린 눈 비비는 날 달콤함으로
유혹하는 한 잔의 카푸치노
나를 위해 커피가 되어 준 그댈
어떻게 좋아하지 않을 수 있을까요

나에게 그대는
한 그루의 자작나무
지친 하루 처진 마음 어루만지며
어느새 등 뒤에 서서 기댈 수 있는
쉼이 되어주는 한 그루의 자작나무
그런 그댈 난 사랑이라 불러요

행복한 생각

살살살 솔솔솔
바람소리 바람내음 너무 좋다
행복이란 건
이렇게 아무것도 아닌 보이지 않는
바람결에도 실려오는구나
왜 몰랐을까

사랑하는 이를 위해
끓이는 황태콩나물국
행복한 냄새
행복이 끓는 소리
너무 좋다
이것 또한 행복이구나!

어쩌다 한 번쯤
밉다가도 안쓰러워
더 잘해주고 싶은 마음이 들 때
그냥 지나쳐버린 사소한 것들에
소중함을 알아갑니다
이런 게 행복이 아닐까요?

사랑하는 이 곁에 있음으로
무언가 해줄 수 있음이
받는 사랑보다 더 기쁨인 것을
투정 부리던 바라기 사랑이
먼저 보듬어 주는 사랑으로
그 소중함에 감사한 사랑입니다

별 헤이는 밤의 그리움

밤하늘에 별이 하나 둘 셋
수줍은 듯 살며시 고개 내미는 밤
어느 한적한 시골 운치 있는 곳에서
모닥불 피워놓고 모처럼 여유로움 누려보는 밤

세상 모든 근심걱정 날려보며
오늘 하루쯤은
행복함이 넘쳐도
즐거움에 이처럼 소리 질러도
오가는 술잔에 시간 가는 줄 모르고
부딪쳐도 마냥 좋기만 하여라

숨어있던 별들이 총총
여기저기서 고개 내미는 밤
우리 내 모닥불 축제를 반겨주는 듯
반짝반짝
방긋방긋
화려하게 수놓으며 환영해주는 밤

잊고 있었던 내면의 감성을 꺼내본다

얼마 만에 마음 놓고 바라보는 밤하늘인가

별 하나 별 둘 그리고 별 셋에 그려지는 얼굴
아득히 먼 곳에서 그리움 하나 밀려든다

어디쯤에 별 하나로 남아있을 내 그리움
유난히도 반짝이는 저 별 하나가
내 간절한 그리움일지도 모르니
깊어가는 이 밤
그 고운 그리움에 젖어
언젠가 가게 될 그 별 옆에
내 그리움을 살포시 내려놓는다

상실의 순간까지도

지금 이 순간도 지나고 나면
추억이라는 두 글자로
기억이라는 두 글자로
먼 훗날 잊혀지지 않을
그리움의 어떤 날이 되겠지요

하늘가득 꼬물거리는 구름도
셀 수 없는 풍경 그리며
시시때때로 흘러흘러 여운을 남기듯
언젠가 한 번쯤 회상하게 될 오늘
상실의 순간이 온다 할지라도
잊지 않기 위해 내 안에
기억과 추억의 그물을 칩니다

일상이 된 그대이기에

메말라 갈라지고 조각난
내 안의 허무를 다독거리며
기댈 수 있는 마음을 준 그대

맺혀있는 그리움의 서린 김
언젠가는 그대 곁에 닿아
웃으며 함께 닦을 날 있겠지요

한 잔의 커피로 시작하고
빈 잔으로 내려놓는 하루 앞에
그대는 유일한 버팀목입니다

문 밖으로 유유히 사라져도
내일이면 반갑게 마주칠 커피처럼
그대는 내게 행복한 일상입니다

커피와 컵라면 사이에도

뜨거운 아메리카노 몇 잔으로
묵은 그리움을 녹였더니
속에 꽉 찬 그리움이 가벼워졌습니다

비우고 나니 허한 속 달랠 길 없어
옆 편의점을 기웃거리다
매콤한 컵라면 하나를 샀습니다

물을 붓기도 전에 먼저
보글보글 익어가는 그리움이
커피 몇 잔에 녹인 그리움을 불러옵니다

커피 몇 잔에 비운 그리움과
컵라면 가득 불어버린 그리움이
오늘따라 잔잔한 가슴에 요동을 칩니다

커피 한 잔의 여유

이른 아침 단잠을
깨우는 그대의 향기 따라
두 눈을 부비며 일어납니다

그대를 보면 뜨기 싫은
두 눈이 떠지고 입가엔
향긋한 웃음꽃이 피어납니다

그대의 달콤함은
심장 깊숙이 스며들어
잠을 자던 내 사랑까지도 깨웁니다

그대의 진한 향기
온 몸으로 스며들어
차가운 마음을 녹여주는 난로가 됩니다

창문 밖 하늘

흰구름 먹구름
살포시 포개질 때
뽀오얀
안개구름 사이로
배시시
그리움 한 자락
몰고 오는 솜털구름

지칠 줄 모르고
하루 꼬박 내리던 비도
가득 고인 빗물 항아리
잠시 뚜껑 닫아놓고
소곤소곤
구름 친구들 사랑 얘기에
젖은 마음 내려놓고
평온한 쉼을 누리네

통증

아프고 아린 통증
별거 아니야. 애써 견뎌보지만
온몸을 휘감는다
그래도 마음엔 통증이 없으니
참 다행이야

따스한 가을볕 따라
살포시 햇살 한 줌 품었더니
마음엔 아프고 아린 통증이
헤집고 들어올 틈이 없나봐
참 다행이야

몸의 통증은
시간이 지나면 치유 되지만
마음의 통증에는 약도 없다는데
내 마음은 튼실한가봐
참 다행이야

여유와 넉넉함을 넣었거든

입가 웃음 눈가 미소는 덤으로 넣고
양념으로 사랑 조금 풀었더니
금새 행복이 꼬물꼬물 모여들어
참 다행이야

5부
소롯길 그곳에 가면

그리움 풍경화

나무들이 하얀 바람을 일으킨다
소복이 쌓인 그리움을 흔들고 뿌려댄다
하얀 도화지 속에 그리움이 가득 그려진다

바라보기만 하는 침묵이 시큰거린다
쓸어도 보고 담아도 보지만 흘러내린다
깊은 그리움만 더 하얗게 옷을 입는다

다음 계절이 오면 조금은 사그러들겠지
연둣빛으로 찾아와 다시 색칠을 하겠지
잎새마다 익어갈 때쯤이면 더 짙어지겠지

계절마다 찾아오는 그리움을 그린다
늘어만 가는 그리움 풍경화는 살 수도 팔 수도 없다
내 안에 갤러리를 만들어 흔들리지 않게 걸어둔다

참 좋은 당신

맑은 물빛으로 온 당신이
내 가슴속에 흐릅니다

깊은 산속 맑은 옹달샘처럼
투명한 설레임이 되어주는 당신

보고 싶단 말 굳이 하지 않아도
사랑한다는 말 꼭 표현하지 않아도

함께해온 시간들 눈빛만으로도
알 수 있기에 그 말을 대신합니다

잡은 손 놓고 싶지 않은 가슴 따뜻한
내 삶에 맑은 물빛으로 흐르는 당신

참 좋은 당신은 내 사랑 기쁨입니다
참 좋은 당신은 내 사랑 행복입니다

언젠가는

오월의 눈부신 햇살에
그대를 담았습니다
상념에 잠겨 그대 생각만으로
하루를 쉬고 싶은 날

먼 산 짙게 깔린 안개 사이로
희미하게 떠오르는 햇살편에
정성스럽게 쓴 편지를 보냅니다

촉촉한 이슬 벗삼아
개울가 투명한 시냇물 따라
알록달록 무지개다리 건너
부는 실바람 편에 띄워 보냅니다

오월의 눈부심에
가슴 설레이도록 두근거림은
오월의 향기로움에
그대를 담았기 때문입니다

쓰기만하고 보내지 못한 편지를
오늘은 한 장 한 장 곱게 곱게 접어서
햇살 담아 실바람에 실려 보내니
언젠가는 닿을 수 있기를
먼 곳의 그대에게 안부를 전합니다

내 마음에 내린 겨울은

아스라이 먼 기억들을 끄집어낸다
생각에서도 멀어져간 기억 속엔
그림자처럼 서성이는 그리움이 있다

바람으로 흩어졌다
다시 바람으로 돌아온 계절 속엔
그리움이란 긴 방황의 길이 생겼다

겨울은 그렇게 다시 찾아와
기억 속에서 잊혀져가는
추억을 흔들고 그리움을 흔든다

겨울은 그렇게 곁에 기대어
추억이 뒤를 따르고 그리움이 뒤를 따르는
희미한 기억 속 긴 그림자가 되었다

詩와 사랑에 빠지다 · 1

콩닥콩닥
두근두근
멈출 수 없는
뼛속 깊이 파고드는
떨림의 전율

심장 박동소리가
쏟아지는 소낙비
소리보다도
더 크고 더 요란하다

내 심장 깊이
지진이 일고 있다
내 가슴속 깊이
요란한 태풍이 휘몰아친다

심장을 요동치게 하는 너
머리에서 발끝까지
오싹한 전율을 주는 너
니의 이름으로 일생을 살고 싶다

詩와 사랑에 빠지다 · 2

일생을 너와 함께 할 생각하니
눈망울이 초롱초롱
행복이 꼬물꼬물
사랑이 꿈틀꿈틀
설레임이 내 안에 한가득이네

내 가슴 안에서 꼼지락 꼼지락
한 개씩 쏙쏙 나오는 너
마음으로 너를 품고
생각으로 너를 보듬고
여백을 찾아 너로 채우는 날들
두 팔 벌려 한아름 안아보는 너

일생을 너와 함께 한다하니
스쳐가는 바람도 내 편이고
쏟아지는 소낙비도 반가운 손님이고
떨어지는 낙엽은 친구가 되었네
희망이 내 안으로 솔솔 불어온다네

일생을 너와 함께 하면서

함께 익어가고 늙어 가리니
쌓여가는 세월의 연륜이
너와 나를 하나의 끈으로 묶어
나는 너의 곁을 너는 나의 곁을
기대고 부비는 고운 연으로 살라한다네

비움과 채움의 기도

오늘도 마음으로
너무나 많은 욕심을 채웠습니다
하나를 버리면
하나가 비워지는 게 아니라
하나를 버린 것보다
더 많이 마음의 욕심을 채웠습니다

내 마음속 욕심의 주머니를
거꾸로 달게 하시어 남아있는 먼지
하나까지도 다 털어내어 풍선처럼
가벼운 마음으로 살게 하소서

마음속 나쁜 생각들은 훌훌
바람결에 날려 보내시고
마음속 좋은 생각들은 주머니 속에
꼭꼭 채워 새어나가지 않게 묶어 주시고
살아가면서 삶의 지침서가 될 수 있게 하소서

비움도 채움도 마음에서 시작되는 것
모자라지도 넘치지도 않게 해 주시고

욕심으로 채웠던 마음 베풀고 나눔으로
살아갈 수 있도록 함께 동행할 수 있는 삶
살 수 있도록 긴 인생여정 빛을 주소서

그대라는 나라

겨울비에 젖어 흐느끼는 바람의 눈물
가슴 깊숙이 그대라는 나라가 일렁입니다

갈 수도 가질 수도 없는 나라
긴 한숨으로 쏟아져 저려오는 나라

하루를 살고 마는 짧은 생이 된다 해도
그대라는 나라에 닿을 수만 있다면

정처 없이 떠도는 바람이라도 되어
잠시라도 스쳐 지나갈 수만 있다면

찾을 수도 만질 수도 없는 꿈결같은 나라
아득히 멀고도 먼 그리움의 나라입니다

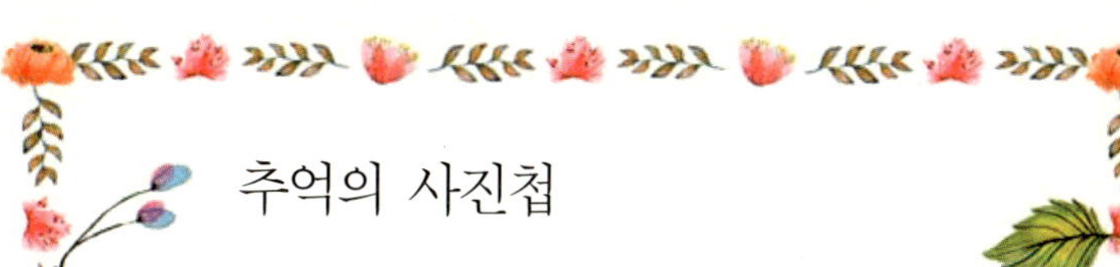

추억의 사진첩

빛바랜 사진첩에서
꺼내보는 몇 장의 추억
선명한 기억속의
설레임으로 남아
그리움의 시간을 걷게 한다

혼자가 아닌
함께라서 행복했던
추억속의 기억들
아름다운 날들의 흔적

추억의 사진첩엔
그리움의 기억들이
차곡차곡 쌓여가고
오늘도 몇 장의 사진을
추억이라는 이름으로
사진첩에 소중하게 저장한다

가끔은

가끔은
흐린 날도 맑아 보일 때가 있습니다
그건 아마도 그대가 내 눈앞에
맑은 사랑으로 다가왔기 때문입니다

가끔은
우울한 날도 미소가 지어집니다
그대가 늘 내 앞에서 아른아른
환한 미소로 떠나질 않기 때문입니다

가끔은
내 마음에 비가 내려도
그대가 건네는 예쁜 꽃잎 우산을 쓰니
마음 젖을 일이 없어 언제나 햇살입니다

그리움 따라 걷는 길 · 1

그리움 한 자락 남겨놓은
그대가 참 고맙다

되뇌일 수 있는 추억 하나
남겨준 그대가 참 고맙다

일생 흔들리지 않을 사랑 하나
싹 틔워준 그대가 참 고맙다

보고플 땐 그대 기억 따라
그대 그리움 따라 걷는 길

끝이 보이지 않는 아득한 길
그대 그리움 안고 걷고 싶은 길

끝자락에 닿지 않을지라도
그대 그리움 따라 오늘도 걸어가는 길

그리움 따라 걷는 길 · 2

그리움이란
늘 신고 다니는 신발처럼
발아래 붙어서 떨어질 줄을 모르는
함께 걸어가는 길동무입니다

한 걸음에 하나씩 커져가는 그리움
긴 오솔길을 걸어 구불구불
산길에 부딪치며 높은 산등성이 오르도록
지칠 줄 모르고 높아만 갑니다

어디를 가든 함께 하는 익숙한 그리움
오늘은 잠시 쉬어가게 살며시 벗어
신발장에 가지런히 놓았습니다
발 아래 붙어 하루 종일 쫓아다니느라
힘들었을 그리움에게 휴식을 주고 싶었습니다

나도 쉬고 내 안에 그리움도 쉬어가는 시간
무언가 허전함이 밀려옵니다
발바닥이 근질근질 가렵고 저려옵니다

긁어도 주물러도 사라지지 않는 가려움은
그리움이 부르는 소리였습니다

발아래 붙어 다니는 그리움도
때로는 외롭고 쓸쓸한가 봅니다
노을 짙어가는 저녁 그리움 발아래 붙이고
길동무 삼아 물소리 맑은 냇가
풀숲길 산책 떠날 채비를 합니다

그리움 따라 걷는 길 · 3

산자락 휘감고 도는
스산한 바람 타고
파고드는 그대 생각은
모락모락 그리움을 뿌립니다

코끝이 시큰 하도록 시린 바람에도

떨어질 줄 모르는 그리움 알갱이들
대롱대롱 매달려 저무는 가을 곁에서
옹골차게 영글어만 갑니다

방울방울 젖어 있는 그대 기억들
고운 햇살 내려 앉아 두 눈으로 스며들 때

맺힌 그리움 조금은 마른 듯 가벼워지겠지요
오늘도 그대 흔적 찾아 산길을 걷습니다

하늘이 내린 인연으로

피어날 수만 있다면
당신 뜰 안 가득
예쁜 꽃으로 피어나고 싶습니다
담을 수만 있다면
맑은 공기 한 아름 안아다
당신 뜰 안 가득 채워 드리고 싶습니다
당신의 창백한 얼굴이
빙그레 웃음꽃으로 필 수 있게요
당신의 힘없는 몸짓이
나비처럼 사뿐히 가벼워질 수 있게요

포근히 감싸 안아주시는 마음
깊이 패인 주름 하나에도
닮고 싶은 평온한 여유가 있습니다
흉내낼 수 없는 아름다움이 있습니다
어느 날 하늘이 한 움큼 뚝 떼어 주신
맑은 인연으로 내게 오신 당신
그런 당신이시기에
당신은 맑고 귀한 인연의 끈이십니다

* 최우연 시인님께 드리는 글

인연의 고리

지난 세월에도 열리지 않더니
가는 세월에도 열 수가 없네

열릴 듯 이내 닫히고 마는
닫힐 듯 이내 열리지 않는

인연의 고리는 내 삶의
일생 사랑의 덫이 되고 말았네

작품해설

신의 뜻에 충실한 순종의 언어

김순진(문학평론가 · 고려대 평생교육원 교수)

신의 뜻에 충실한 순종의 언어

김순진(문학평론가 · 고려대 평생교육원 시창작과정 교수)

권금주 시인은 천상 여자다. 야리야리한 외모와 조용하고 차분한 성격, 게다가 사슴의 눈처럼 맑은 눈동자를 보노라면 슬픈 전설 한 자락이 떠오를 것만 같다. 권금주 시인은 최근 원주에서부터 서울의 안암동까지 새벽기차를 타고 고려대학교 평생교육원 시창작과정에 다니면서 필자의 강의를 들은 대단한 열정의 만학도다. 보통사람이면 그 먼 거리에서 공부하러 다니겠다는 엄두를 내지 못한다. 그런데 그녀는 자신이 하고자 하는 일이라면 기어코 해내는 열정을 가졌다. 그러기에 이렇게 길고도 아름다운 감성시집을 출간하기에 이른 것이다.

그녀가 계간 <스토리문학>으로 등단한 작품을 보면 본격적인 현대시이다. 그런 그녀가 어쩌면 이렇게 감성적이고도 아름다운 감정을 써내려갔을까? 생각해보면 신께서 우리를 만드실 때 남자는 여자를 동경하고 여자는 남자를 사모하게끔 지어놓으셨는데 신의 뜻에 충실했던 것이다. 현대시단에서는 많은 지도자들이 사물시를 쓰라 권하고 있고, 실제로 많은 시인들이 사물을 가지고 시를 쓴다. 사물이란 일사事 +만물물物자로 되어 있다. 일이란 사람만이 하는 행위다. 동물을 포함해서 자연은 일하지 않는다. 따라서 사물이라는 것은 사람이 만들어놓은 것을 쓰는 것인데, 그 중에서도 사물에 빗대어 마음을 쓰는 일이 사물시가 아닌가 생각한다. 그렇다면 사물시라는 것은 곧 신의 마음을 이행하고 실천해 쓰는 것인데 지금 권금주 시인이 쓰고 있는 시가 신의 뜻을 가장 충실히 전달하는 사람이 아닌가 하는 생각이 든다.

'서로 사랑하라'는 신의 뜻을 가장 잘 전달하는 시는 문예사조적인 관점에서 분류할 때 어떤 사조에 해당할까? 나는 권금주 시인의 시를 휴머니즘에 가깝다고 말하고 싶다. 휴머니즘이란 말은 흔히 인간주의, 인문주의, 인본주의라고 번역되는데, 이 말은 인간다움을 존중하는 사상적이고 정신적인 태도, 세계관을 의미한다. 휴머니즘은 현대사회가 인간의 삶을 외면한데 대한 반발로 일어난 사조다. 따라서 현대시가 인간의 삶을 망각한 채 자꾸만 기법적인 측면과 탈관념적인 측면으로 치닫는 리얼리즘인데 반하여 적어도 권금주 시인의 시는 휴머니즘에 가깝다고 본다. 그러므로 권금주 시인의 시는 인간 본연의 감정에 충실하여 안식과 위로, 재생의 기능을 하고 있다고 평가한다.

그럼 이쯤에서 권금주 시인의 시를 읽으며 그녀의 작품에 내재된 휴머니즘적 인간미를 엿보기로 하자.

바람을 타고 가로등 불빛 아래로
이 밤 당신은 소리 없이 내려앉으셨습니다

스르륵 발끝에 이슬로 맺혀
촉촉이 젖어오는 당신의 눈물이 애달픕니다

불빛 아래 눈부신 당신을 보니
잊혀져가던 기억들을 알알이 맺혀옵니다

하얗게 빛나는 당신의 숨소리는
낡고 바랜 추억을 숨 쉬게 하는 마술을 부립니다

잃어버린 시간들의 퍼즐조각을 맞추게 하는 당신은
사랑으로 스며들어 이 밤 내 두 눈을 멀게 합니다

– 「설야雪夜」 전문

권금주의 시에 있어 당신, 임, 그대 등 시적 대상은 모두 사람이지만 모두 객관적 상관물을 통하여 나타난다. 그래서 그녀의 시는 대부분 은유를 내포하고 있어 읽는 이로 하여금 '당신만을 사랑해'라든지 '당신이 보고 싶어 잠을 설쳤어요'같이 직접적으로 표현하지 않고 설야에서 나타나는 것처럼 눈으로 내려오기도 하고, 비로 내리기도 하며, 낙엽으로 내리기도 한다. 일찍이 미국의 시인 T.S 엘리어트는 '모든 시는 객관적 상관물에 의해 운반되어야만 한다'고 했는데, 권금주 시인은 사랑시를 쓰면서조차 이를 지키려 애쓰고 있는 것이다. 이는 그녀가 고려대학교 평생교육원 시창작과정에 입학하여 체계적인 시공부를 했기 때문에 얻을 수 있었던 결과물이다. 위의 인용시 「설야雪夜」를 가만히 살펴보면 사랑하는 사람이 직접 오는 것이 아니라 눈이 되어 "바람을 타고 가로등 불빛 아래로"오거나 "스르륵 발끝에 이슬로 맺"힌다. 그리하여 "불빛 아래 눈부신 당신을 보니 / 잊혀져가던 기억들을 알알이 맺"히게 된다. 따라서 시인의 마음에 오는 당신은 단순히 사랑하는 사람만이 아니라 '시, 삶, 어머니, 아버지, 편안함, 휴식,' 등 다양한 대상으로 해석될 수 있는 것이다.

그곳엔 그리움이 있습니다
그곳엔 애틋한 추억이 있습니다
붉게 물든 가을을 만나러 갔습니다
오랜 세월에 얼마나 변했을까

아련한 기억 안고 다시 찾은 곳
뜨락 끝에 줄지어 서 있는 나무도
커다란 창밖 작은 돌담길도
변함없이 그대로인 그리움이 머무는 곳
언젠가 꼭 한번 찾고 싶었던 그곳엔
손때 묻은 메뉴판도 그대로이고
장작불 타오르던 커다란 벽난로도
낡은 풍금도 그대로 추억을 더듬게 합니다
소박한 추억 하나 생각나고
십년이 지난 뒤에도
더 많은 세월이 흐른 뒤에도
또다시 그리워서 찾게 될 곳
그곳에 가면 풋풋한 정겨움과 사랑이 있습니다

– 「소롯길에서 만난 사랑 · 1」

권금주 시인은 유난히 소롯길을 좋아한다. 소롯길이란 오솔길과 같은 뜻의 말이다. 소롯길을 국어사전에서 찾아보니 "사람이 적게 다니는 작은 길로 논두길 같은 곳을 말한다."라고 쓰여 있다. 그리고 "작고 매우 좁다란 길"이라 부기附記되어 있다. 그런데 권금주 시인에게 있어 소롯길은 작은 길의 개념이 아니다. 피난처이며 이데아다. 상처받았을 때 받아주는 곳도 소롯길이고 기뻐서 누구에게 말하고 싶을 때 찾는 길도 소롯길이다. 다시 말해서 권금주 시인에게 소롯길이란 사랑하는 방법과 살아가는 방법이 모두 쓰여 있는 경전 같은 길인 것이다. 시인의 말처럼 "그곳엔 그리움이 있"다. "그곳엔 애틋한 추억이 있"다. 그래서 시인은 그곳에 자주 간다. 그런데 시인이 만나려고 하는 대상은 사랑하는 사람이 아니다. '붉게 물든 가을'이다. 붉게 물든 가을과의 만남을 통해서 '작은 돌담길'과 '손때 묻은 메뉴판'과 '커다란 벽난로'와 '낡은 풍금'을 만나는데, 결국 시인은 소박한 추억 하나를 되찾게 된다. 그리고 시인은 이 시집을 내는 목적이기도 한 "그곳에 가면 풋풋한 정겨움과 사랑이 있습니다"다는 결론을 내리기 된다. 우리가 사람을 만나고, 여행을 하고, 시집을 내는 것은 결국 풋풋한 정겨움과 사랑을 만나고 싶기 때문인 것이다.

가로등 불빛 아래
살며시 내려앉은 너를 품는다
하나는 외로울까
그 곁에 하나 더 내려앉는다

둘은 쓸쓸하지는 않으나
바람 불면 흩어질까
부르고 또 부르니
그리움 한가득 깔고 내려앉는다

무심코 너를 밟고 지나다

네 곁에 앉아 사색을 즐긴다
너의 일생은 피고지고 또 피고지고
그리 피고 또 그리 지는구나

이 밤 떨어지는 너를 보며
널 닮은 혼자만의 고독을 즐긴다
너를 내 곁에 두고 싶은 나는
슬그머니 주머니에 너를 넣고 일어선다

그 안에서 서걱서걱 거리는 너를
따뜻한 손으로 살며시 감싸 쥐어본다
보고플 땐 보고 싶다고
그리울 땐 그립다고 말을 하라고

속삭이듯 손 안에서 와스락 바스락
내게 사랑의 숨결을 넣어주는 너
너를 보니 애달픈 마음만 더하는구나
혼자만의 고독이란 이런 건가 보다

– 「혼자만의 고독」 전문

혼자만의 고독이라는 말은 지극히 아이러니한 말이다. 홀로 있으면 모두가 고독하지만은 않겠지만 고독이라는 말은 혼자라는 말과 함께 존재하는 말처럼 들린다. 말하자면 권 시인은 프로이드의 정신분석학에 나오는 본능적 충

동인 욕망(이드)를 자아(에고)로 억제하고, 사회에 대한 역할을 감당해, 초자아(수퍼에고)의 수준에 이르는 시를 쓰고 있는 것이다. 그런데 왜 시인은 혼자만의 고독이라는 시를 쓰게 됐을까? 시인의 고독 속에 등장하는 화자는 사람이 아니다. 벤치에 내려앉은 낙엽이다. 홀로 쓸쓸히 소롯길을 거닐다가 우연히 발견한 벤치 위에 떨어진 낙엽을 본다. 그리고 낙엽처럼 떨어질 인생이니 "보고플 땐 보고 싶다고 / 그리울 땐 그립다고 말을 하라"고 하는 낙엽의 말을 통해 자신을 성찰한다. 결국 자연만큼 위대한 스승은 없다. 그리우면 겨우내 기다리고, 더우면 낙엽을 떨어뜨리고, 감사하면 열매를 맺히고, 보고프면 몸소 달려 나오는 꽃잎의 말에 귀를 기울이는 것이다.

흐드러지게 핀 들꽃향기 맡으면서
울퉁불퉁 돌담길을 걷고 싶은 거다
발끝에 밟히는 작은 돌멩이조차 안쓰러워
조심스럽게 비껴가며 그냥 걷고 싶은 거다

요란한 파도소리 들리는
비릿한 바다내음이 배인 찻집에 가고 싶은 거다
허름한 찻집에 앉아 투박한 잔에
설탕 한 스푼 넣은 싱거운 커피를 마시고 싶은 거다

한 번쯤은 바람이 되어 가보고 싶은 거다

한 번쯤은 바람 따라서 가보고 싶은 거다
때로는 나도 바람이 되어보고 싶은 거다
그냥 한 번쯤은 떠나보고 싶은 거다

사랑이라는 이름의 추억이라는 그곳으로…

– 「꽃이 바람에게 전하는 말」 전문

만일 바람이 꽃에게 전하고 싶은 말이 있다면 어떤 말일까? 아마도 더욱 아름다워지라고 말할 것 같다. 그러면 꽃이 바람에게 전하는 말은 어떤 말일까? 아마도 고맙다는 말을 전할 것 같다. 시인의 눈으로 본 세상은 그렇게 아름답다. 바람도 꽃에게 덕담을 하고 꽃도 바람에게 감사함을 전한다. 그래서 시인은 지금 자신의 소망은 “흐드러지게 핀 들꽃향기 맡으면서 / 울퉁불퉁 돌담길을 걷고 싶은 거다”라고 말한다. “발끝에 밟히는 작은 돌멩이조차 안 쓰러워 / 조심스럽게 비껴가며 그냥 걷고 싶은 거다”라고 말한다. 거창한 꿈을 가진 사람들이 결국 돌아오는 곳은 ‘언덕 위의 하얀집’이다. 그런데 언덕 위의 하얀 집은 우리의 이데아가 아니다. 그런 집에는 우선 담장이 높고 CCTV가 모퉁이마다 설치되어 있다. 안마당에는 세퍼트나 불독 같은 개를 기른다. 그리고 지역 주민들의 대화는커녕 커다란 대문은 주말이나 휴가철에만 열려서 이방인처럼 살아간다. 권금주 시인의 시 속에 등장하는 배경은 그런 이방인 같은 삶이 아니라, 자연 속에 녹아든 삶이다. 흔히 여자는 꽃에 비유되고 남자는 벌이나 나비, 그리고 바람에 비유된다. 그러므로 권금주 시인은 꽃이다. 여자가 남자가 되어보고 싶은 것은 누구나 한 번 가져본 감정이다. 그러나 권금주 시인처럼 예쁘고 아름다운 사람은 천상 여자라서 남자가 되어서는 우리 남자들에게는 큰 손해다. 한번쯤 바람을 따라 가보고 싶겠지만, 한번쯤 바람이 되어보고 싶겠지만, 한번쯤 떠나보고 싶겠지만 권금주 시인에게 주문하노니, 그냥 꽃으로 존재해주길 바란다. 사랑이란 이름으로…….

계절이 바뀌는 길목에서
우두커니 서성이는 사랑을 봅니다

어슬렁거리는 바람소리에도
놀라서 흔들리고 열이 납니다

사랑도 때로는 사랑이란 걸
모르는 척 그냥 지나치라고 합니다

앙상한 가지만 휑하니 남은 고목의
지난 시간을 밟으며 사랑이 돌아서 걷습니다

사랑도 지독한 감기 앞에선
모든 걸 체념한 듯 시름시름 앓기 시작합니다

사랑도 감기에 걸린 것처럼
때로는 어지럽고 아픈가 봅니다

-「감기에 걸린 것처럼」 전문

시인의 말처럼 사랑은 감기다. 확실한 감기다. 일단 사랑에 눈뜨게 되면 감기에 걸린 것처럼 앓게 된다. 감기에 걸린 것처럼 마음대로 일을 할 수도 없고, 독감에 걸린 것처럼 몽롱해 정신을 차릴 수가 없게 된다. 이를 흔히 우리는 가슴앓이라고 말한다. 가슴앓이를 하는 사람들을 보며 보통 아픔만큼 성숙해진다고 한다. 아픔이라는 것이 꼭 이별을 통해 오는 것만은 아니다. 사랑을 하면서도 볼 수 없을 때, 사랑을 하는데도 함께 할 수 없을 때 아프다. 그러나 사랑은 그 기다림, 그리움, 배려함을 통해 사람을 성장시키나 보다. 우리는 시시때때로 "계절이 바뀌는 길목에서", "어슬렁거리는 바람소리에도", "앙상한 가지만 휑하니 남은 고목"을 보며 떠나간 사랑이나 만나지 못하는 사랑에 대하여 가슴앓이하게 된다. 된통 고뿔이 든 양 "때로는 어지럽고 아픈가" 보다. 여기서 짚고 넘어가고 싶은 것은 시인이 사랑을 고백하고 확인하며 그리워하는 대상은

분명 사람이지만, 시인은 사람에게 직접 말하지 않는다는 점이다. 설야, 소롯길, 낙엽, 꽃, 바람, 감기 등과 같이 시인이 생활하면서 보고 들을 수 있는 밀접한 소재를 통해 대신 말하고 있는데, 이는 지극히 준엄한 신의 감정을 충실히 수행하고 있는 것이라고 본다. 왜냐하면 신은 사람을 창조할 때 남녀가 서로에 대하여 그리워하게끔 만들어 놓으셨고 권금주 시인은 이런 사람의 감정을 충실하게 전달하고 있는 것이다. 사소한 감정에 목을 맨다는 말이 있는데, 거창한 감정은 사실 목을 맬만한 감정이 아니다. 인류가 너무나 멀리 떨어져 있는 새로운 별을 발견하고, 상대성이론을 발견해서 발달해온 것이라 스스로를 위안삼지만 사실은 사랑하는 감정, 그리운 감정으로 인류가 발전해온 것이기 때문이다.

사계절 푸르름
변치 않는 소나무처럼
오랜 세월이 흘러도
변치 않는 늘 푸른 그대는
오직 한 사람 나의 정인입니다

삶의 열정을 가르쳐준 사람
사랑의 고귀함을 알게 한 사람
마음의 빛이 되어주는 든든한 사람
그대는 오직 한 사람 나의 정인입니다

더운 여름날 반갑게 불어오는
오아시스 같은 한 줄기 바람으로
언제나 일상에서 함께하는 사람
그대는 오직 한 사람 나의 정인입니다

비가 와도 젖지 않을
바람 불어도 흔들리지 않을
작고 튼튼한 믿음의 집 하나 지어서

영원히 꺼지지 않을 사랑의 촛불
그대만을 위해 밝히겠습니다
그대는 오직 한 사람 나의 정인입니다

- 「정인」 전문

정인이란 마음에 둔 사람이다. 사람은 여러 번 사랑을 경험할 수 있다. 그리고 결혼도 여러 번 할 수 있다. 그러나 정작 자신의 가슴속에 묻어둔 사람, 즉 정인은 딱 한 사람일 것이다. 결혼을 했다고 해서 배우자가 모두 정이 될 수는 없다. 결혼이란 처음에는 사랑의 관계로 맺어지는 것이 대부분이지만 살다 보면 법적인 관계로서 그 명맥을 유지하는 수가 많다. 그런데 반하여 정인이란 법적인 관계나 결혼이라는 틀이 없이도 마음속에 사랑한 사람 하나쯤은 누구나 담고 살아간다. 그 사람이 중고등학교 때 선생님이든 이웃집 오빠이든, 아니면 펜팔을 하던 사이여서 결국 결혼으로 골인은 하지 못했다거나, 나이가 들어서 늦게 보인 이상형일지라도 정인이 될 수 있다. 사람은 내 마음속에 정한 사랑의 대상, 즉 정인을 통해 시인이 되거나 삶의 의미를 부여하게 되는 경우가 빈번하다. 권금주 시인의 마음속에 살고 있는 정인이 어떤 사람인지는 알 수 없지만 아마도 시인은 그 정인과의 만남, 그 정인을 생각하는 시를 쓰면서 시인이 되었을 것이다. 법이라는 말이 있다. 우리가 지켜야할 규범을 정해놓은 것을 법이라 하는데, 법 법法자를 살펴보면 물수氵(水) + 갈거去자가가 만나 이루어진 글자다. 따라서 법이란 사람을 구속한다는 말이 아니라 물 흐르는 대로 살아가도록 내버려둔다는 의미인데, 사람을 구속하는 것이 사랑이 아니라 마음대로 살 수 있도록 환경을 보전해주는 것이 사랑이라는 말로도 바꿔 말할 수 있다. 결국 정인이라는 말은 마음속에 정해놓은 한 사람을 평생 두고 사랑한다는 말로 그것이 가장 인간적인 사랑의 개념이 아닐까 하는 생각이 든다.

뜨거운 아메리카노 몇 잔으로
묵은 그리움을 녹였더니
속에 꽉 찬 그리움이 가벼워졌습니다

비우고 나니 허한 속 달랠 길 없어
옆 편의점을 기웃거리다
매콤한 컵라면 하나를 샀습니다

물을 붓기도 전에 먼저
보글보글 익어가는 그리움이
커피 몇 잔에 녹인 그리움을 불러옵니다

커피 몇 잔에 비운 그리움과
컵라면 가득 불어버린 그리움이
오늘따라 잔잔한 가슴에 요동을 칩니다

-「커피와 컵라면 사이에도」

사람을 사랑하려면 두 가지의 조건이 필요하다. 하나는 정신적인 사랑으로 보호하고 위해주며 사랑하는 사람이 평안하게 지낼 수 있도록 배려하는 정신적인 사랑이다. 또 다른 하나는 따뜻한 집에서 지낼 수 있게 하고, 굶주리지 않게 하며, 깨끗하고 편안한 옷을 입을 수 있도록 배려하는 물질적인 사랑이다. "뜨거운 아메리카노 몇 잔으로 / 묵은 그리움을 녹였"다는 말은 영혼이 사랑을 갈구한다는 뜻이다. 반면 "옆 편의점을 기웃거리다 / 매콤한 컵라면 하나를 샀"다는 말은 굶고 사랑만 할 수 없음을 의미한다. 인간은 사랑만하고 살 수도 밥만 먹고 살 수도 없다. 그러나 밥은 누구하고나 먹을 수 있고, 음식은 혼자서도 얼마든지 맛있게 먹을 수 있지만 인간은 사랑 없이 살 수 없다. 사랑하지 않는 사람은 죽음에 가까워지기 쉽고 사랑이 없는 인간의 관계는 언제든 무너지게 된다. 시인이 이 시에서 소재로 쓴 '커피'와 '컵라면'은 정신적인 사랑과 물질적인 사랑을 강조한 말로 바꿔 말하면 이상세계와 현실세계가 적절히 조화를 이루어야 사랑이 원만히 성립할 수 있다는 말로 풀이된다.

이상에서처럼 권금주 시인의 시 몇 편을 읽어보면서 그녀가 쓰고 있는 사랑시에 대하여 살펴보았다. 권금주 시인의 사랑시는 단순히 사랑타령을 넘어서 사물의 이치를 통한 사람의 심리적 안정과 마음전달에 관심을 둔다. 그래서 그녀의 시는 사랑을 통하여 상실된 인간성을 회복하고 보다 인간적인 사회를 꿈꾼다. 인간을 인간답게 하는 것은 사랑이다. 여자를 여자답게 하는 것도 사랑이며, 지성인을 지성인답게 하는 것 또한 사랑인데 권금주 시인의 시편들이 이들의 완성을 도와주는 것 같아 한동안 젖게 되어 감미로웠고 행복했다. 시집 상재를 축하드린다.

권금주 시집

소롯길에서 만난 사랑

초판인쇄일 2016년 3월 14일
초판발행일 2016년 3월 25일

지은이 : 권금주
펴낸곳 : 도서출판 문학공원
펴낸이 : 김순진
편집장 : 전하라
디자인 : 김초롱
등 록 : 2004년 3월 9일 제6-706호
주 소 : (우편번호 03382)서울 은평구 통일로 633
녹번오피스텔 501호 스토리문학사
전 화 : 02-2234-1666
팩 스 : 02-2236-1666
홈페이지 : http://cafe.daum.net/yob51
이메일 : 4615562@hanmail.net